# FIRST THOUSAND WORDS

## IN GERMAN

With Internet-linked pronunciation guide

Heather Amery

Illustrated by Stephen Cartwright

Edited by Nicole Irving
and designed by Andy Griffin

German language consultant: Anke Kornmüller

# About Usborne Quicklinks

To access the Usborne Quicklinks Web site for this book, go to
**www.usborne-quicklinks.com**
and enter the keywords "1000 german". There you can:

• listen to the first thousand words in German, read by a native German speaker

• print out some German picture puzzles for free

• find links to other useful Web sites about Germany and the German language

### Listening to the words

To hear the words in this book, you will need your Web browser
(e.g. Internet Explorer or Netscape Navigator) and a programme that lets you play sound
(such as RealPlayer® or Windows® Media Player). These programmes are free and, if you
don't already have one of them, you can download them from Usborne Quicklinks.
Your computer also needs a sound card but most
computers already have one of these.

### Note for parents and guardians

Please ensure that your children read and follow the Internet safety
guidelines displayed on the Usborne Quicklinks Web site.

The links in Usborne Quicklinks are regularly reviewed and updated.
However, the content of a Web site may change at any time and Usborne Publishing
is not responsible for the content on any Web site other than its own. We recommend
that children are supervised while on the Internet, that they do not use
Internet Chat Rooms, and that you use Internet filtering software to block
unsuitable material. For more information, see the **Net Help**
area on the Usborne Quicklinks Web site.

On every double page with pictures,
there is a little yellow duck to look for.
Can you find it?

# About this book

This is a great book for anyone starting to learn German. You'll find it easy to learn new words by looking at the small, labelled pictures. Then you can practise the words by talking about the large central pictures. This book also has its own Usborne Quicklinks Web site where you can listen to all the German words, print out German picture puzzles, and follow links to some other fun and useful Web sites.

## Masculine, feminine and neuter words

When you look at German words for things such as "table" or "man", you will see that they have **der**, **die**, **das** in front of them. This is because all German words for things and people are either masculine, feminine or neuter. **Der** is the word for "the" in front of a masculine word, **die** is "the" in front of a feminine word, and **das** is "the" in front of a neuter word.

**Die** is also the word for "the" before plural words (more than one, such as "tables" or "men"). Plural words in the pictures are marked with *.

All the labels in this book show words for things with **der**, **die** or **das**. Always learn them with this little word.

## Looking at German words

German words for things are all written with a capital, or big, letter. German has an extra letter, **ß**, which sounds like "ss". It also has a sign called an "umlaut", which is sometimes written over "a", "o" or "u". It changes the way you say the letter and looks like this: **ä, ö, ü**.

## Saying German words

The best way to learn how to say German words is to listen to a German speaker and repeat what you hear. You can listen to all the words in this book on the Usborne Quicklinks Web site. For more information on how to do this, see the page on the left. At the back of this book, there is also a word list with an easy pronunciation guide for each German word.

## A computer is not essential

If you don't have access to the Internet, don't worry. This book is a complete and excellent German word book on its own.

3

# Zu Hause

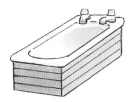

die Badewanne

die Seife

der Wasserhahn

das Toilettenpapier

die Zahnbürste

das Wasser

die Toilette

der Schwamm

das Waschbecken

die Dusche

das Handtuch

das Bett

## Das Badezimmer

## Das Wohnzimmer

die Zahnpasta

das Radio

das Kissen

die CD

der Teppich

das Sofa

der Stuhl

die Daunendecke

der Kamm

das Bettlaken

der Vorleger

der Kleiderschrank

# Das Schlafzimmer

das Kopfkissen

die Kommode

der Spiegel

die Bürste

die Lampe

die Bilder*

die Kleiderhaken*

das Telefon

# Der Flur

der Heizkörper

das Video

die Zeitung

der Tisch

die Briefe*

die Treppe

# Die Küche

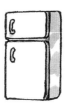

der Kühlschrank

die Gläser*

die Uhr

der Hocker

die Teelöffel*

der Schalter

das Waschpulver

der Schlüssel

die Tür

der Staubsauger

die Spüle

die Töpfe*

die Gabeln*

die Schürze

das Bügelbrett

der Abfall

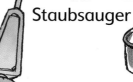

6

der Kessel

die Messer*

der Mop

das Staubtuch

die Kacheln*

der Besen

die Waschmaschine

die Schaufel

die Schublade

die Untertassen*

die Bratpfanne

der Herd

die Kochlöffel*

die Teller*

das Bügeleisen

das Geschirrtuch

die Tassen*

die Streichhölzer*

die Bürste

die Schüsseln*

der Schrank

der Schubkarren

der Bienenstock

die Schnecke

die Ziegelsteine*

die Taube

der
Spaten

der Marienkäfer

der Mülleimer

die Samen*

der Schuppen

# Der Garten

die Gießkanne

der Wurm

die Blumen*

der Rasensprenger

die
Hacke

die Wespe

8

die Biene

die Pflanzkelle

der Knochen

die Hecke

die Heugabel

der Rasenmäher

der Weg

die Blätter*

der Baum

der Rauch

die Raupe

der Rechen

das Vogelnest

die Zweige*

das Gras

der Kinderwagen

die Leiter

das Feuer

der Schlauch

das Gewächshaus

9

# Die Werkstatt

die Schrauben*

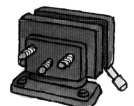

der Schraubstock

das Sandpapier

der Bohrer

die Leiter

die Säge

das Sägemehl

der Kalender

der Werkzeugkasten

der Schraubenzieher

das Brett

die Späne*

das Taschenmesser

die Reißnägel*

die Spinne

die Bolzen*

die Muttern*

die Spinnweben*

das Fass

die Fliege

das Beil

das Maßband

der Hammer

die Feile

der Farbtopf

das Holz

die Nägel*

die Werkbank

die Gefäße*

der Hobel

11

# Die Straße

das Geschäft

das Loch

das Café

der Krankenwagen

der Bürgersteig

die Antenne

der Schornstein

das Dach

der Bagger

das Hotel

der Bus

der Mann

das Polizeiauto

die Röhren*

der Presslufthammer

die Schule

der Spielplatz

das Taxi

der Zebrastreifen

die Fabrik

der Lastwagen

die Ampel

das Kino

der Lieferwagen

die Straßenwalze

der Anhänger

das Haus

der Markt

die Stufen*

das Motorrad

das Fahrrad

die Feuerwehr

der Polizist

das Auto

die Frau

die Straßenlaterne

die Wohnungen*

13

# Der Spielzeugladen

die Eisenbahn

die Würfel*

die Blockflöte

der Roboter

die Trommeln*

die Halskette

der Fotoapparat

die Perlen*

die Puppen*

die Gitarre

der Ring

die Mundharmonika

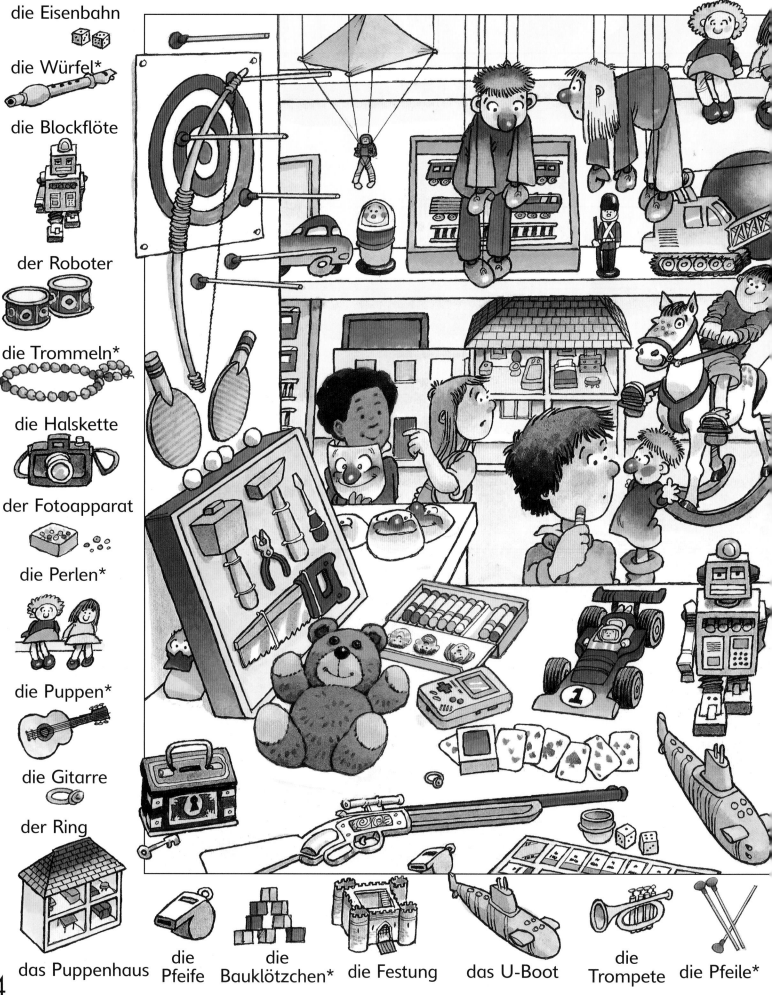

das Puppenhaus

die Pfeife

die Bauklötzchen*

die Festung

das U-Boot

die Trompete

die Pfeile

der Bogen

der Fallschirm

das Boot

die Schminke

die Dampfwalze

die Masken*

der Rennwagen

das Schaukelpferd

die Sparbüchse

die Murmeln*

die Marionetten*

das Klavier

die Raumfahrer*

der Kran

die Knete

das Gewehr

die Soldaten*

der Malkasten

die Rakete

15

# Der Park

die Schaukeln*

der Sandkasten

das Picknick

der Drachen

das Eis

der Hund

das Tor

der Weg

der Frosch

die Rutschbahn

die Bank

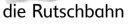

die Kaulquappen*

der See

die Rollerblades*

der Busch

16

das Baby

das Skateboard

die Erde

der Buggy

die Wippe

die Kinder*

das Dreirad

die Vögel*

der Zaun

der Ball

das Boot

die Schnur

die Pfütze

die Entchen*

das Springseil

das Blumenbeet

die Schwäne*

die Hundeleine

die Enten*

die Bäume*

17

# Der Zoo

der Flügel

der Adler

das Nilpferd

der Panda

die Fledermaus

der Affe

der Gorilla

die Pfoten*

das Känguruh

der Schwanz

der Wolf

der Pinguin

das Krokodil

der Bär

die Federn*

der Pelikan

der Strauß

der Delphin

der Löwe

die Löwenjungen*

die Giraffe

das Geweih

der Hirsch

das Kamel

der Seehund

der Eisbär

die Schildkröte

der Rüssel

das Nashorn

der Bison

der Elefant

der Biber

die Ziege

das Zebra

die Schlange

der Wal

der Haifisch

der Tiger

der Leopard

# Reisen

die Schienen*

die Lokomotive

die Puffer*

die Wagen*

der Zugführer

der Güterzug

der Bahnsteig

die Schaffnerin

der Koffer

der Fahrkartenautomat

der Hubschrauber

## Der Bahnhof

## Die Tankstelle

das Signal    der Rucksack    die Scheinwerfer*    der Motor    das Rad    die Batterie

20

das Flugzeug

die Stewardess

die Landebahn

der Kontrollturm

Der Flughafen

der Steward

der Pilot

die Waschanlage

Waschanlage

der Kofferraum

das Benzin

der Abschleppwagen

der Tankwagen

der Schraubenschlüssel

der Reifen

die Motorhaube

das Öl

die Zapfsäule

21

die Windmühle

der Ballon

der Schmetterling

der Salamander

die Steine*

der Fuchs

der Bach

der Wegweiser

der Igel

# Das Land

der Berg

die Schleuse

das Eichhörnchen

der Wald

der Dachs

der Fluss

die Straße

die Zelte*

der Kanal

die Baumstämme*

das Dorf

die Motte

die Brücke

der Lastkahn

der Wasserfall

die Eule

der Tunnel

die Fuchswelpen*

der Maulwurf

der Angler

die Felsen*

die Kröte

der Zug

der Wohnwagen

der Hügel

23

# Der Bauernhof

der Hahn

der Heuhaufen

der Schäferhund

die Enten*

die Lämmer*

der Teich

die Küken*

der Heuboden

der Schweinestall

der Stier

die Entchen*

der Hühnerstall

der Traktor

die Gänse*

der Tankwagen

die Scheune

der Schlamm

der Karren

24

der Bauer

der Acker

die Hühner*

das Kalb

der Zaun

der Sattel

der Kuhstall

die Kuh

der Pflug

der Obstgarten

der Stall

die Ferkel*

die Schäferin

die Truthähne*

die Vogelscheuche

das Bauernhaus

das Heu

die Schafe*

die Strohballen*

das Pferd

die Schweine*

25

# Der Strand

das Segelboot

das Meer

das Ruder

der Leuchtturm

der Spaten

der Eimer

der Seestern

die Sandburg

der Sonnenschirm

die Fahne

der Seemann

die Muschel

der
Taschenkrebs

die Möwe

die Insel

das Motorboot

das
Wasserskilaufen

die Wellen*

der Sonnenhut

die Klippe

das Schiff

das Kanu

das Seil

die Kieselsteine*

die Algen*

das Netz

das Paddel

das Fischerboot

die Flossen*

der Esel

der Fisch

der Badeanzug

der Tanker

der Strand

das Ruderboot

der Liegestuhl

# Die Schule

die Schere

die Rechenaufgaben*

der Radiergummi

das Lineal

die Fotos*

die Filzstifte*

die Reißzwecken*

die Farben*

der Junge

der Bleistift

die Tafel

das Pult

die Bücher*

der Füller

der Klebstoff

die Kreide

die Zeichnung

der Papierkorb

die Lehrerin

die Schachtel

die Landkarte

der Pinsel

die Decke

die Wand

der Boden

**a b c d e f g
h i j k l m n
o p q r s t u
v w x y z**

das Heft

**a b c d e f g
h i j k l m n
o p q r s t u
v w x y z**

das Abc

das Abzeichen

das Aquarium

das Papier

die Jalousie

die Türklinke

die Pflanze

der Globus

das Mädchen

die Buntstifte*

die Lampe

die Staffelei

29

der
Krankenpfleger

die Watte

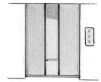

die Medizin

der Lift

der Morgenrock

die Krücken*

die Tabletten*

das Tablett

die Uhr

das Thermometer

der Vorhang

# Das Krankenhaus

der Teddybär

der Apfel

der Gips

der Verband

der Rollstuhl

das Puzzle

die Ärztin

die Spritze

# Der Arzt

die Pantoffeln*

der Computer

das Pflaster

die Banane

die Trauben*

der Korb

das Spielzeug

die Birne

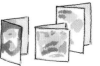

die Karten*

die Windel

der Stock

der Fernseher

das Nachthemd

der Schlafanzug

die Orange

die Papiertücher*

das Comicheft

das Wartezimmer

31

# Die Party

der Luftballon

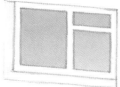

die Schokolade

das Bonbon

das Fenster

das Feuerwerk

das Band

der Kuchen

die Geschenke*

der Strohhalm   die Kerze      die Girlande

die Spielsachen*

32

die Clementine

 die Salami

 die Kassette

 die Wurst

 die Chips*

 die Kostüme*

 die Kirsche

 der Fruchtsaft

 die Himbeere

 die Erdbeere

 die Glühbirne

 die Tischdecke

 das belegte Brot

 die Butter

der Keks

der Käse

das Brot

die Grapefruit

die Karotte

der Blumenkohl

der Lauch

der Pilz

die Gurke

die Zitrone

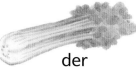
der Stangensellerie

die Aprikose

die Melone

# Das Geschäft

die Tragetasche

KÄSE

OBST

GEMÜSE

die Zwiebel

der Kohl

der Pfirsich

der Salat

die Erbsen*

die Tomate

die Eier*  die Pflaume  das Mehl  die Waage  die Gläser*  das Fleisch  die Ananas

der Joghurt

der Korb

die Flaschen*

die Handtasche

der Geldbeutel

das Geld

die Konserven*

die Kartoffeln*  der Spinat  die Bohnen*  die Kasse  der Kürbis  der Einkaufswagen

35

# Das Essen

das Mittagessen

das Frühstück

das weichgekochte Ei

der Toast

die Konfitüre

der Kaffee

das Spiegelei

die Sahne

die Milch

die Corn-flakes*

der Kakao

der Zucker

der Honig

das Salz

der Pfeffer

der Tee

die Pfannkuchen*

die Brötchen*

das Abendessen

der Schinken

die Suppe

das Omelett

der Salat

die Stäbchen*

der Hamburger

das Hähnchen

der Reis

das Ketchup

die Spaghetti*

der Kartoffelbrei

die Pizza

die Pommes frites*

der Nachtisch

37

# Ich

der Kopf

das Haar

das Gesicht

der Arm

der Ellbogen

der Bauch

die Zehen*

der Fuß

das Bein

das Knie

die Augenbraue

das Auge

die Nase

die Backe

der Mund

die Lippen*

die Zähne*

die Zunge

das Kinn

die Ohren*

der Hals

die Schultern*

die Brust

der Rücken

der Po

die Hand

der Daumen

die Finger*

38

# Die Kleider

 die Socken*   die Unterhose  das Unterhemd  die Hose  die Jeans*  das T-shirt

 der Rock   das Hemd  die Krawatte   die Shorts*  die Strumpfhose   das Kleid

der Pulli  das Sweatshirt   die Strickjacke  der Schal  das Taschentuch

 die Turnschuhe*  die Schuhe*  die Sandalen*  die Stiefel*  die Handschuhe*

der Gürtel  die Schnalle  der Reißverschluss  der Schnürsenkel  die Knöpfe*  die Knopflöcher*

die Taschen*  der Mantel  die Jacke  die Mütze  der Hut

# Leute

der Koch

der Tänzer    die Tänzerin

der Schauspieler

die Schauspielerin

der Sänger

die Sängerin

der Astronaut

der Metzger

der Polizist

die Polizistin

der Schreiner

der Feuerwehrmann

die Künstlerin

der Richter

der Mechaniker

die Mechanikerin

der Friseur

die Lastwagenfahrerin

der Busfahrer

die Zahnärztin

der Taucher

der Kellner  die Kellnerin

der Briefträger

der Maler

die Bäckerin

# Die Familie

der Sohn
der Bruder

die Tochter
die Schwester

die Mutter
die Ehefrau

der Vater
der Ehemann

die Tante  der Onkel

der Cousin

der Großvater

die Großmutter

# Tätigkeitswörter

lächeln

weinen

denken

zuhören

lachen

fangen

werfen

zerbrechen

malen

schreiben

hacken

schneiden

essen

sprechen

graben

tragen

trinken

basteln

springen

kriechen

tanzen

waschen

stricken

spielen

anschauen

klettern

nehmen

hüpfen

raufen

schlafen

nähen

warten

verstecken

kaufen

kochen

lesen

singen

schieben

fegen

pflücken

blasen

ziehen

fallen

gehen

rennen

sitzen

# Gegensätze

weit

nah

lieb

böse

die oberste

die unterste

kalt

heiß

nass

trocken

schmutzig  sauber

über

unter

dick  dünn

auf  zu

klein  groß

wenige  viele

der erste  der letzte

links

44

außen

innen

einfach

schwierig

leer

voll

weich

hart

vorn

hoch

langsam

schnell

hinten

lang

niedrig

kurz

tot

lebendig

dunkel

hell

oben

alt

rechts

neu

unten

# Tage

Montag
Dienstag
Mittwoch
Donnerstag
Freitag
Samstag
Sonntag

der Kalender

der Morgen

der Abend

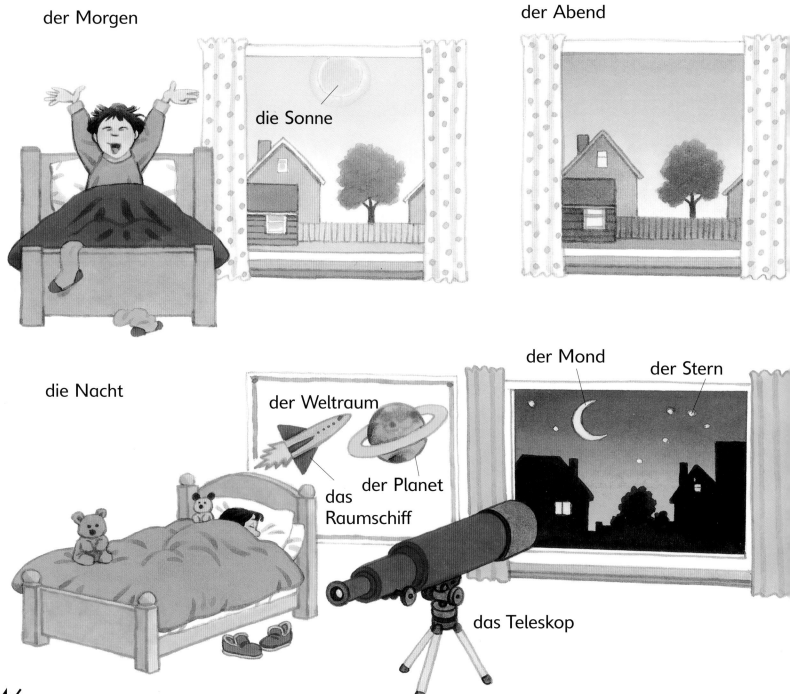

die Sonne

die Nacht

der Weltraum

der Mond

der Stern

das Raumschiff

der Planet

das Teleskop

46

# Festtage

der Geburtstag

die Geburtstagskarte

die Kerze

der Urlaub

das Geschenk

der Geburtstagskuchen

die Hochzeit

der Fotoapparat

die Brautjungfer

die Braut   der Bräutigam

der Fotograf

Weihnachten

das Rentier

der Schlitten

der Weihnachtsmann

der Weihnachtsbaum

# Das Wetter

die Sonne

die Wolken*

der Regenschirm

der Himmel

der Regen

der Blitz

der Nebel

der Schnee

der Tau

der Wind

der Dunst

der Frost

der Regenbogen

# Jahreszeiten

der Frühling

der Sommer

der Herbst

der Winter

# Haustiere

der Hamster

die Tierärztin

das Meerschweinchen

die Hundehütte

der junge Hund

das Futter

der Hund

der Wellensittich

der Papagei

der Schnabel

das Kaninchen

der Kanarienvogel

der Käfig

die Katze   der Korb

die Maus

das Kätzchen

die Milch

die Goldfische*

49

# Sport

der Basketball

das Rudern

das Snowboarden

das Segeln

das Windsurfen

der Schläger

das Tennis

der American Football

das Turnen

das Kricket

das Karate

der Schläger

der Ball

die Angel

das Angeln

der Köder

das Rugby

der Tanz

der Baseball

das Springen

der Swimmingpool

das Schwimmen

das Wettrennen

das Bogenschießen

die Zielscheibe

das Drachenfliegen

der Helm

das Jogging

das Radfahren

das Klettern

das Judo

das Pferd

das Pony

das Schließfach

der Fußball

das Reiten

der Umkleideraum

das Badminton

das Tischtennis

die Schlittschuhe*

das Schlittschuhlaufen

der Skistock

der Sessellift

das Sumo

der Ski

das Skilaufen

# Farben

orange

grün

schwarz

grau

rot

braun

rosa

weiß        blau        lila        gelb

# Formen

das Rechteck

der Kreis

der Rhombus

der Kegel

der Stern

der Würfel

das Oval        das Dreieck

das Quadrat        der Halbmond

# Zahlen

1 eins

2 zwei

3 drei

4 vier

5 fünf

6 sechs

7 sieben

8 acht

9 neun

10 zehn

11 elf

12 zwölf

13 dreizehn

14 vierzehn

15 fünfzehn

16 sechzehn

17 siebzehn

18 achtzehn

19 neunzehn

20 zwanzig

# Der Jahrmarkt

das Karussell

die Matte

die Rutschbahn

das Riesenrad

das Ringwerfen

die Geisterbahn

das Popcorn

die Achterbahn

die Schießbude

die Skooter*

die Zuckerwatte

# Der Zirkus

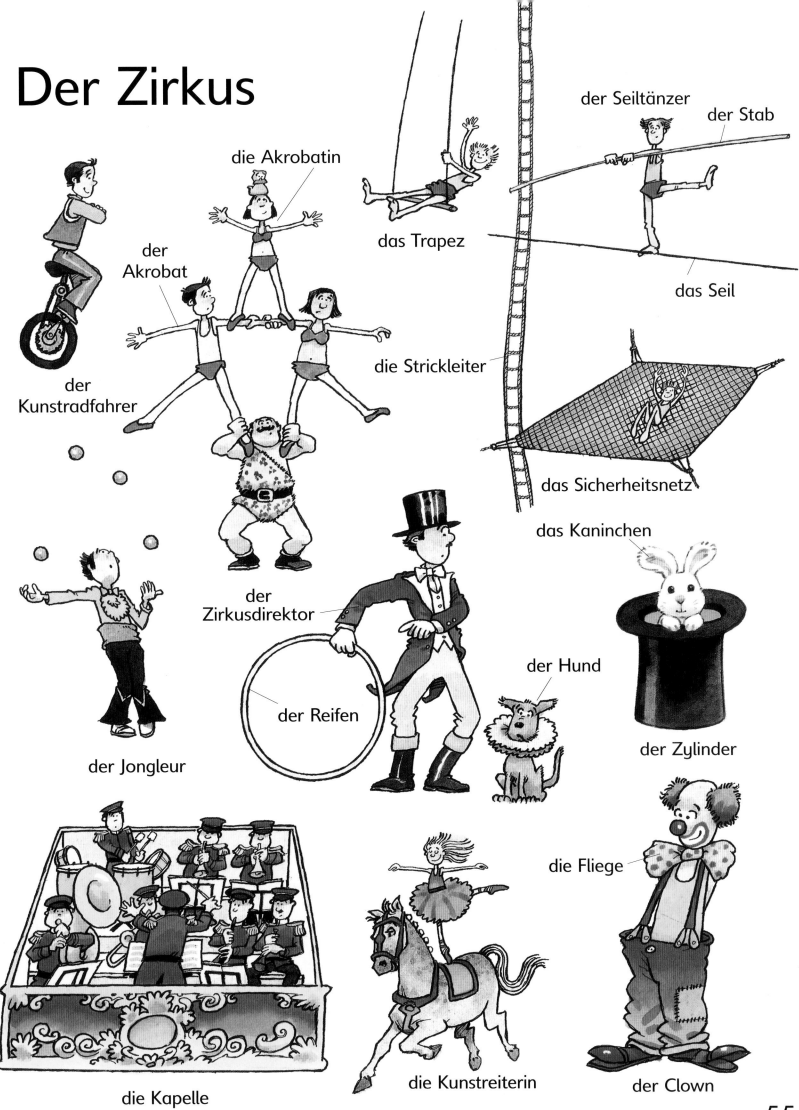

der Seiltänzer

der Stab

die Akrobatin

das Trapez

das Seil

der
Akrobat

die Strickleiter

der
Kunstradfahrer

das Sicherheitsnetz

das Kaninchen

der
Zirkusdirektor

der Hund

der Reifen

der Zylinder

der Jongleur

die Fliege

die Kapelle

die Kunstreiterin

der Clown

# Word list

In this list, you can find all the German words in this book. They are in alphabetical order. Next to each one, you can see its pronunciation (how to say it) in letters *like this*, and then its English translation.

Remember that German nouns (words for things) are either masculine, feminine or neuter (see page 3). In the list, each one has **der**, **die** or **das** in front of it. These all mean "the". The words with **der** are masculine, those with **die** are feminine, and those with **das** are neuter.

**Die** is also the word for "the" in front of a plural noun (a noun is plural if you are talking about more than one, for example "cats"). In the list, plural nouns are shown with **die** in front of them and are followed by *.

## About German pronunciation
Read the pronunciation as if it were an English word, but try to remember the following points about how German words are said:

● the German **ü** is said a bit like the "u" in "music"; it is shown as "ew" in the pronunciations

● the German **ch** is usually said like the "h" in "huge". After "a", "o", "u" or "au", though, **ch** is a grating "h" sound. It is more like the "ch" in the Scottish word "loch". It is shown as "kh" in the pronunciations

● the German **g** is said like the "g" in "garden"

● the German **r** is made at the back of the throat and sounds a little like growling

## A

| | | |
|---|---|---|
| das Abc | *dass ah-bay-tsay* | alphabet |
| der Abend | *dair ah-bent* | evening |
| das Abendessen | *dass ah-bent-essen* | supper |
| der Abfall | *dair apfal* | rubbish |
| der Abschleppwagen | *dair ap-shlepp-vagen* | breakdown lorry |
| das Abzeichen | *dass ap-tsai-khen* | badge |
| acht | *akht* | eight |
| die Achterbahn | *dee akhter-bahn* | big dipper |
| achtzehn | *akh-tsayn* | eighteen |
| der Acker | *dair akker* | field |
| der Adler | *dair ahdler* | eagle |
| der Affe | *dair affer* | monkey |
| der Akrobat | *dair akrobat* | acrobat (man) |
| die Akrobatin | *dee akrobatin* | acrobat (woman) |
| die Algen* | *dee algen* | seaweed |
| alt | *alt* | old |
| der American Football | *dair amerikan football* | American football |
| die Ampel | *dee ampel* | traffic light |
| die Ananas | *dee annannass* | pineapple |
| die Angel | *dee angel* | fishing rod |
| das Angeln | *dass ang-eln* | fishing |
| der Angler | *dair angler* | fisherman |
| der Anhänger | *dair anhenger* | trailer |
| anschauen | *an-shaowen* | to look |
| die Antenne | *dee an-tenner* | aerial |
| der Apfel | *dair apfel* | apple |
| die Aprikose | *dee ah-preekawzer* | apricot |
| das Aquarium | *dass akvaree-oom* | aquarium |
| der Arm | *dair arrm* | arm |
| der Arzt | *dair artst* | doctor (man) |
| die Ärztin | *dee ertstin* | doctor (woman) |
| der Astronaut | *dair astraw-naowt* | astronaut |
| auf | *aowf* | on, open |
| das Auge | *dass aowger* | eye |
| die Augenbraue | *dee aowgen-brower* | eyebrow |
| außen | *aowssen* | outside |
| das Auto | *dass aowtaw* | car |

## B

| | | |
|---|---|---|
| der Bach | *dair bakh* | stream |
| das Baby | *dass baby* | baby |
| die Backe | *dee bakker* | cheek |
| der Bäcker | *dair bekker* | baker (man) |
| die Bäckerin | *dee bekkerin* | baker (woman) |
| der Badeanzug | *dair badder-antsook* | swimsuit |
| die Badewanne | *dee badder-vanner* | bath |
| das Badezimmer | *dass badder-tsimmer* | bathroom |
| das Badminton | *dass badminton* | badminton |
| der Bagger | *dair bagger* | digger |
| der Bahnhof | *dair barn-hawf* | station (railway) |
| der Bahnsteig | *dair barn-shtike* | platform |
| der Ball | *dair bal* | ball |
| der Ballon | *dair bah-lon* | hot-air balloon |
| die Banane | *dee banna-ner* | banana |
| das Band | *dass bant* | ribbon |
| die Bank | *dee bank* | bench |
| der Bär | *dair bear* | bear |
| der Baseball | *dair basebol* | baseball |
| der Basketball | *dair basketbol* | basketball |
| basteln | *bass-teln* | to make |
| die Batterie | *dee batteree* | battery |
| der Bauch | *dair baowkh* | stomach |
| der Bauer | *dair baower* | farmer (man) |
| die Bäuerin | *dee boyerin* | farmer (woman) |
| das Bauernhaus | *dass baowern-house* | farmhouse |
| der Bauernhof | *dair baowern-hof* | farm |
| die Bauklötzchen* | *dee baowklerts-h-yen* | bricks (toys) |
| der Baum | *dair baowm* | tree |
| der Baumstamm | *dair baowm-shtam* | log |
| das Beil | *dass bai-ile* | axe |
| das Bein | *dass bine* | leg |
| das belegte Brot | *dass belekter brawt* | sandwich |
| das Benzin | *dass bentseen* | petrol |
| der Berg | *dair bairg* | mountain |
| der Besen | *dair baizen* | broom |
| das Bett | *dass bet* | bed |

| | | |
|---|---|---|
| das Bettlaken | *dass bet-lakken* | sheet |
| der Biber | *dair beeber* | beaver |
| die Biene | *dee beener* | bee |
| der Bienenstock | *dair bee-nenshtok* | beehive |
| das Bild | *dass bilt* | picture |
| die Birne | *dee birner* | pear |
| der Bison | *dair bee-zawn* | bison |
| blasen | *blah-zen* | to blow |
| das Blatt | *dass blat* | leaf |
| blau | *blaow* | blue |
| der Bleistift | *dair blie-shtift* | pencil |
| der Blitz | *dair blits* | lightning |
| die Blockflöte | *dee blok-flerter* | recorder |
| die Blume | *dee bloomer* | flower |
| das Blumenbeet | *dass bloomen-bait* | flower bed |
| der Blumenkohl | *dair bloomen-kawl* | cauliflower |
| der Boden | *dair bawden* | floor |
| der Bogen | *dair bawgen* | bow |
| das Bogenschießen | *dass bawgen-sheessen* | archery |
| die Bohne | *dee baw-ner* | bean |
| der Bohrer | *dair baw-rer* | drill |
| der Bolzen | *dair boltsen* | bolt |
| das Bonbon | *dass bon-bon* | sweet |
| das Boot | *dass bawt* | boat, ship |
| böse | *burzer* | bad (naughty) |
| die Bratpfanne | *dee bratpfanner* | frying pan |
| braun | *braown* | brown |
| die Braut | *dee braowt* | bride |
| der Bräutigam | *dair broy-teegam* | bridegroom |
| die Brautjungfer | *dee braowt-yoongfer* | bridesmaid |
| das Brett | *dass bret* | plank |
| der Brief | *dair breef* | letter |
| der Briefträger | *dair breef-traiger* | postman |
| das Brot | *dass brawt* | bread |
| die Brötchen | *dee brert-h-yen* | roll (bread) |
| die Brücke | *dee brewker* | bridge |
| der Bruder | *dair brooder* | brother |
| die Brust | *dee broost* | chest |
| das Buch | *dass bookh* | book |
| das Bügelbrett | *dass bewgelbret* | ironing board |
| das Bügeleisen | *dass bewgel-eyezen* | iron |
| der Buggy | *dair buggy* | push-chair |
| der Buntstift | *dair boontshtift* | crayon |
| der Bürgersteig | *dair bewrger-shtike* | pavement |
| die Bürste | *dee bewrster* | brush |
| der Bus | *dair booss* | bus |
| der Busch | *dair boosh* | bush |
| der Busfahrer | *dair booss far-er* | bus driver |
| die Butter | *dee bootter* | butter |

# C

| | | |
|---|---|---|
| das Café | *dass kafai* | café |
| die CD | *dee tser-der* | CD (compact disc) |
| die Chips* | *dee chips* | crisps |
| die Clementine | *dee klementeener* | clementine |
| der Clown | *dair clown* | clown |
| das Comic-heft | *dass komik-heft* | comic |
| der Computer | *dair computer* | computer |
| die Corn-flakes* | *dee cornflakes* | cornflakes |
| der Cousin | *dair koozaing* | cousin (boy) |
| die Cousine | *dee koozeener* | cousin (girl) |

# D

| | | |
|---|---|---|
| das Dach | *dass dakh* | roof |
| der Dachs | *dair daks* | badger |
| die Dampfwalze | *dee dampf-valtser* | roller |
| der Daumen | *dair daowmen* | thumb |
| die Daunendecke | *dee daownendekker* | eiderdown |
| die Decke | *dee dekker* | ceiling |
| der Delphin | *dair delfeen* | dolphin |
| denken | *denken* | to think |
| dick | *dick* | fat |
| Dienstag | *deenstag* | Tuesday |
| Donnerstag | *donnerstag* | Thursday |
| das Dorf | *dass dorf* | village |
| der Drachen | *dair drakhen* | kite |
| das Drachenfliegen | *dass drakhen-fleegen* | hang-gliding |
| drei | *dry* | three |
| das Dreieck | *dass dry-ek* | triangle |
| das Dreirad | *dass dry-rat* | tricycle |
| dreizehn | *dry-tsain* | thirteen |
| dunkel | *doonkel* | dark |
| dünn | *dewn* | thin |
| der Dunst | *dair doonst* | mist |
| die Dusche | *dee doosher* | shower |

# E

| | | |
|---|---|---|
| die Ehefrau | *dee ai-er-fraow* | wife |
| der Ehemann | *dair ai-er-man* | husband |
| das Ei | *dass eye* | egg |
| das Eichhörnchen | *dass ikhe-hern-h-yen* | squirrel |
| der Eimer | *dair eye-mer* | bucket |
| einfach | *ine-fakh* | easy |
| der Einkaufswagen | *dair ine-kaowfs-vagen* | shopping trolley |
| eins | *ine-ts* | one |
| das Eis | *dass ice* | ice cream |
| der Eisbär | *dair ice-bear* | polar bear |
| die Eisenbahn | *dee eye-zen-barn* | train set |
| der Elefant | *dair elefant* | elephant |
| elf | *elf* | eleven |
| der Ellbogen | *dair el-bawgen* | elbow |
| das Entchen | *dass ent-h-yen* | duckling |
| die Ente | *dee enter* | duck |
| die Erbse | *dee air-bser* | pea |
| die Erdbeere | *dee aird-berer* | strawberry |
| die Erde | *dee airder* | earth |
| der erste | *dair airster* | first |
| der Esel | *dair aizel* | donkey |
| essen | *essen* | to eat |
| das Essen | *dass essen* | food |
| die Eule | *dee oyler* | owl |

# F

| | | |
|---|---|---|
| die Fabrik | *dee fabreek* | factory |
| die Fahne | *dee fah-ner* | flag |
| das Fahrrad | *dass fahr-rat* | bicycle |
| der Fahrkartenautomat | *dair fahrkarten-awtomat* | ticket machine |
| fallen | *fal-len* | to fall |
| der Fallschirm | *dair fal-sheerm* | parachute |
| die Familie | *dee fammeelee-er* | family |
| fangen | *fangen* | to catch |

| German | Pronunciation | English |
|---|---|---|
| die Farbe | dee farber | colour |
| die Farben* | dee farben | paints |
| der Farbtopf | dair farb-topf | paint pot |
| das Fass | dass fass | barrel |
| die Feder | dee fai-der | feather |
| fegen | faigen | to sweep |
| die Feile | dee filer | file |
| der Felsen | dair felzen | rock |
| das Fenster | dass fenster | window |
| das Ferkel | dass fairkel | piglet |
| der Fernseher | dair fairn-zai-er | television |
| der Festtag | dair fest-tag | special day, holiday |
| die Festung | dee festoong | fort |
| das Feuer | dass foy-er | fire |
| die Feuerwehr | dee foy-er-vair | fire engine |
| der Feuerwehrmann | dair foy-er-vair-man | fireman |
| das Feuerwerk | dass foy-er-vairk | fireworks |
| die Filzstifte* | dee feelts-shtifter | felt-tips |
| der Finger | dair finger | finger |
| der Fisch | dair fish | fish |
| das Fischerboot | dass fisher-bawt | fishing boat |
| die Flasche | dee flasher | bottle |
| die Fledermaus | dee fleder-mouse | bat |
| das Fleisch | dass flishe | meat |
| die Fliege | dee fleeger | fly, bow tie |
| die Flossen* | dee flossen | flippers |
| der Flügel | dair flew-gel | wing |
| der Flughafen | dair floog-haffen | airport |
| das Flugzeug | dass floog-tsoyg | plane |
| der Flur | dair flooer | hall |
| der Fluss | dair flooss | river |
| die Form | dee form | shape |
| das Foto | dass foto | photograph |
| der Fotoapparat | dair foto-apparat | camera |
| der Fotograf | dair fotograhf | photographer (man) |
| die Fotografin | dee fotograhfin | photographer (woman) |
| die Frau | dee fraow | woman |
| Freitag | fry-tag | Friday |
| der Friseur | dair free-zer | hairdresser (man) |
| die Friseuse | dee free-zerzer | hairdresser (woman) |
| der Frosch | dair frosh | frog |
| der Frost | dair frost | frost |
| der Fruchtsaft | dair frookht-zaft | fruit juice |
| der Frühling | dair frew-ling | spring |
| das Frühstück | dass frew-shtewk | breakfast |
| der Fuchs | dair fooks | fox |
| der Fuchswelpe | dair fookswelper | fox cub |
| der Füller | dair fewller | fountain pen |
| fünf | fewnf | five |
| fünfzehn | fewnf-tsain | fifteen |
| der Fuß | dair fooss | foot |
| der Fußball | dair fooss-bal | football |
| das Futter | dass footter | food (for animals) |

## G

| German | Pronunciation | English |
|---|---|---|
| die Gabel | dee gah-bel | fork |
| die Gans | dee gance | goose |
| der Garten | dair gar-ten | garden |
| der Geburtstag | dair geboorts-tag | birthday |
| die Geburtstagskarte | dee geboorts-tag-karter | birthday card |
| der Geburtstagskuchen | dair geboorts-tags-kookhen | birthday cake |
| das Gefäß | dass gefess | jar |
| der Gegensatz | dair gaigen-zats | opposite |
| gehen | gai-en | to walk, to go |
| die Geisterbahn | dee guy-ster-barn | ghost train |
| gelb | gelb | yellow |
| das Geld | dass gelt | money |
| der Geldbeutel | dair gelt-boytel | purse |
| das Gemüse | dass gemewzer | vegetable |
| das Geschäft | dass gesheft | shop |
| das Geschenk | dass geshenk | present (gift) |
| das Geschirrtuch | dass gesheer-tookh | tea towel |
| das Gesicht | dass gezeekht | face |
| das Gewächshaus | dass geveks-house | greenhouse |
| das Gewehr | dass gevair | gun |
| das Geweih | dass gevie | antlers |
| die Gießkanne | dee geese-kanner | watering can |
| der Gips | dair gips | plaster |
| die Giraffe | dee gee-raffer | giraffe |
| die Girlande | dee geer-lander | garland, paper chains |
| die Gitarre | dee gee-tarrer | guitar |
| das Glas | dass glass | glass, jar |
| der Globus | dair glawbooss | globe |
| die Glühbirne | dee glewbirner | lightbulb |
| der Goldfisch | dair goltfish | goldfish |
| der Gorilla | dair gorilla | gorilla |
| graben | grah-ben | to dig |
| die Grapefruit | dee grapefroot | grapefruit |
| das Gras | dass grass | grass |
| grau | graow | grey |
| groß | gross | big |
| die Großmutter | dee gross-mootter | grandmother |
| der Großvater | dair gross-farter | grandfather |
| grün | grewn | green |
| die Gurke | dee goorker | cucumber |
| der Gürtel | dair gewrtel | belt |
| der Güterzug | dair gewter-tsoog | goods train |

## H

| German | Pronunciation | English |
|---|---|---|
| das Haar | dass har | hair |
| die Hacke | dee hakker | hoe |
| hacken | hakken | to chop |
| der Hahn | dair harn | cock |
| das Hähnchen | dass henh-yen | chicken |
| der Haifisch | dair hie-fish | shark |
| der Halbmond | dair halp-mont | crescent |
| der Hals | dair halss | neck |
| die Halskette | dee halss-ketter | necklace |
| der Hamburger | dair hamburger | hamburger |
| der Hammer | dair hammer | hammer |
| der Hamster | dair hamster | hamster |
| die Hand | dee hant | hand |
| der Handschuh | dair hant-shoo | glove |
| die Handtasche | dee hant-tasher | handbag |
| das Handtuch | dass hant-tookh | towel |
| hart | hart | hard |
| das Haus | dass house | house |
| das Haustier | dass house-teer | pet |
| die Hecke | dee hekker | hedge |
| das Heft | dass heft | notebook |
| heiß | hisse | hot |
| der Heizkörper | dair hitse-kerper | radiator |
| hell | hell | light |
| der Helm | dair helm | helmet |
| das Hemd | dass hemt | shirt |
| der Herbst | dair hairpst | autumn |
| der Herd | dair hairt | cooker |
| das Heu | dass hoy | hay |
| der Heuboden | dair hoy-borden | hayloft |
| die Heugabel | dee hoy-garbel | fork |

| German | Pronunciation | English |
|---|---|---|
| der Heuhaufen | *dair hoy-haowfen* | haystack |
| die Himbeere | *dee himbairer* | raspberry |
| der Himmel | *dair himmel* | sky |
| hinten | *hinten* | back |
| der Hirsch | *dair hirsh* | deer |
| der Hobel | *dair hawbel* | plane (wood) |
| hoch | *hokh* | high |
| die Hochzeit | *dee hokh-tsite* | wedding |
| der Hocker | *dair hokker* | stool |
| das Holz | *dass holts* | wood |
| der Honig | *dair honikh* | honey |
| die Hose | *dee hawzer* | trousers |
| das Hotel | *dass haw-tell* | hotel |
| der Hubschrauber | *dair hoob-shraowber* | helicopter |
| der Hügel | *dair hewgel* | hill |
| das Huhn | *dass hoon* | hen |
| der Hühnerstall | *dair hewner-shtal* | hen house |
| der Hund | *dair hoont* | dog |
| die Hundeleine | *dee hoonder-liner* | dog lead |
| die Hundehütte | *dee hoonder-hewtter* | kennel |
| hüpfen | *hewpfen* | to skip |
| der Hut | *dair hoot* | hat |

## I

| German | Pronunciation | English |
|---|---|---|
| ich | *eekh* | I, me |
| der Igel | *dair eegel* | hedgehog |
| innen | *innen* | inside |
| die Insel | *dee inzel* | island |

## J

| German | Pronunciation | English |
|---|---|---|
| die Jacke | *dee yakker* | jacket |
| die Jahreszeit | *dee yaress-tsite* | season |
| der Jahrmarkt | *dair yar-markt* | fairground |
| die Jalousie | *dee jaloozee* | blind (window) |
| die Jeans | *dee djeanz* | jeans |
| das Jogging | *dass djogging* | jogging |
| der Joghurt | *dair yogoort* | yogurt |
| der Jongleur | *dair jongler* | juggler (man) |
| die Jongleurin | *dee jonglerin* | juggler (woman) |
| das Judo | *dass yoodo* | judo |
| der Junge | *dair yoonger* | boy |
| der junge Hund | *dair yoonger hoont* | puppy |

## K

| German | Pronunciation | English |
|---|---|---|
| die Kachel | *dee kakhel* | tile |
| der Kaffee | *dair kaffai* | coffee |
| der Käfig | *dair kaiffikh* | cage |
| der Kakao | *dair ka-kao* | hot chocolate |
| das Kalb | *dass kalp* | calf |
| der Kalender | *dair ka-lender* | calendar |
| kalt | *kalt* | cold |
| das Kamel | *dass kah-mel* | camel |
| der Kamm | *dair kam* | comb |
| der Kanal | *dair kannal* | canal |
| der Kanarienvogel | *dair kannaree-enfogel* | canary |
| das Känguruh | *dass kengooroo* | kangaroo |
| das Kaninchen | *dass kanninh-yen* | rabbit |
| das Kanu | *dass kannoo* | canoe |
| die Kapelle | *dee kappeller* | band |
| das Karate | *dass karatai* | karate |
| die Karotte | *dee karrotter* | carrot |
| der Karren | *dair karren* | cart |
| die Karte | *dee karter* | card |
| die Kartoffel | *dee kartoffel* | potato |
| der Kartoffelbrei | *dair kartoffel-bry* | mashed potatoes |

| German | Pronunciation | English |
|---|---|---|
| das Karussell | *dass karroosell* | roundabout |
| der Käse | *dair kayzer* | cheese |
| die Kasse | *dee kasser* | cash desk |
| die Kassette | *dee kassetter* | cassette tape |
| das Kätzchen | *dass kets-h-yen* | kitten |
| die Katze | *dee katzer* | cat |
| kaufen | *kaowfen* | to buy |
| die Kaulquappe | *dee kaowl-kvapper* | tadpole |
| der Kegel | *dair kaigel* | cone |
| der Keks | *dair keks* | biscuit |
| der Kellner | *dair kellner* | waiter |
| die Kellnerin | *dee kellnerin* | waitress |
| die Kerze | *dee kairtse* | candle |
| der Kessel | *dair kessel* | kettle |
| das Ketchup | *dass ketchup* | tomato sauce |
| der Kieselstein | *dair keezel-shtine* | pebble |
| das Kind | *dass kint* | child |
| der Kinderwagen | *dair kinder-vah-gen* | push-chair |
| das Kinn | *dass kinn* | chin |
| das Kino | *dass keeno* | cinema |
| die Kirsche | *dee kirsher* | cherry |
| das Kissen | *dass kissen* | cushion |
| das Klavier | *dass klah-veer* | piano |
| der Klebstoff | *dair klaib-shtof* | glue |
| das Kleid | *dass klide* | dress |
| die Kleider* | *dee klider* | clothes |
| der Kleiderhaken | *dair klider-harken* | clothes peg |
| der Kleiderschrank | *dair klider-shrank* | wardrobe |
| klein | *kline* | small |
| klettern | *klettern* | to climb |
| das Klettern | *dass klettern* | climbing |
| die Klippe | *dee klipper* | cliff |
| die Knete | *dee k-neter* | playdough |
| das Knie | *dass k-nee* | knee |
| der Knochen | *dair k-nokhen* | bone |
| der Knopf | *dair k-nopf* | button |
| das Knopfloch | *dass k-nopf-lokh* | button hole |
| der Koch | *dair kokh* | cook |
| kochen | *kokhen* | to cook |
| der Kochlöffel | *dair kokh-lerfel* | spoon |
| der Köder | *dair kerder* | bait |
| der Koffer | *dair koffer* | suitcase |
| der Kofferraum | *dair koffer-raowm* | boot (of car) |
| der Kohl | *dair kawl* | cabbage |
| die Kommode | *dee ko-moder* | chest of drawers |
| die Konfitüre | *dee konfee-tewrer* | jam |
| die Konserve | *dee kon-sairver* | tin |
| der Kontrollturm | *dair kontroll-toorm* | control tower |
| der Kopf | *dair kopf* | head |
| das Kopfkissen | *dass kopf-kissen* | pillow |
| der Korb | *dair korp* | basket |
| das Kostüm | *dass kostewm* | fancy dress |
| der Kran | *dair krahn* | crane |
| das Krankenhaus | *dass kranken-house* | hospital |
| der Krankenwagen | *dair kranken-vargen* | ambulance |
| der Krankenpfleger | *dair kranken-pflaiger* | (male) nurse |
| die Krawatte | *dee kravatter* | tie |
| die Kreide | *dee krider* | chalk |
| der Kreis | *dair krysse* | circle |
| das Kricket | *dass kri-ket* | cricket |
| kriechen | *kreekhen* | to crawl |
| das Krokodil | *dass kroko-deel* | crocodile |
| die Kröte | *dee krerter* | toad |
| die Krücke | *dee krewkker* | crutch |
| die Küche | *dee kewh-yer* | kitchen |
| der Kuchen | *dair kookhen* | cake |
| die Kuh | *dee koo* | cow |
| der Kühlschrank | *dair kewl-shrank* | refrigerator |
| der Kuhstall | *dair koo-shtal* | cowshed |
| das Küken | *dass kewkken* | chick |

59

| German | Pronunciation | English |
|---|---|---|
| der Künstler | dair kewnstler | artist (man) |
| die Künstlerin | dee kewnstlerin | artist (woman) |
| der Kunstradfahrer | dair koonst-rat-farer | trick cyclist (man) |
| die Kunstradfahrerin | dee koonst-rat-farerin | trick cyclist (woman) |
| der Kunstreiter | dair koonst-riter | bareback rider (man) |
| die Kunstreiterin | dee koonst-riterin | bareback rider (woman) |
| der Kürbis | dair kewrbiss | pumpkin |
| kurz | koorts | short |

## L

| German | Pronunciation | English |
|---|---|---|
| lächeln | lekheln | to smile |
| lachen | la-khen | to laugh |
| das Lamm | dass lam | lamb |
| die Lampe | dee lamper | lamp |
| das Land | dass lant | country |
| die Landebahn | dee lander-bahn | runway |
| die Landkarte | dee lant-karter | map |
| lang | lang | long |
| langsam | langzam | slowly |
| der Lastkahn | dair lasst-kahn | barge |
| der Lastwagen | dair lasst-vargen | lorry |
| der Lastwagenfahrer | dair lasst-vahgen fahrer | lorry driver (man) |
| die Lastwagenfahrerin | dee lasst-vahgen fahrerin | lorry driver (woman) |
| der Lauch | dair laowkh | leek |
| lebendig | lebben-deekh | alive |
| leer | layr | empty |
| der Lehrer | dair lairer | teacher (man) |
| die Lehrerin | dee lairerin | teacher (woman) |
| die Leiter | dee lie-ter | ladder |
| der Leopard | dair lai-o-pard | leopard |
| lesen | lezen | to read |
| der letzte | dair letzter | last |
| der Leuchtturm | dair loykht-toorm | lighthouse |
| die Leute* | dee loyter | people |
| lieb | leep | good |
| der Lieferwagen | dair leefer-vahgen | van |
| der Liegestuhl | dair leeger-shtool | deckchair |
| der Lift | dair lift | lift |
| lila | lee-la | purple |
| das Lineal | dass leenai-al | ruler |
| links | links | (on/to the) left |
| die Lippe | dee lipper | lip |
| das Loch | dass lokh | hole |
| die Lokomotive | dee lokko-mawteever | (train) engine |
| der Löwe | dair lerver | lion |
| das Löwenjunge | dass lerven-yoonger | lion cub |
| der Luftballon | dair looft-bah-lon | (hot-air) balloon |

## M

| German | Pronunciation | English |
|---|---|---|
| das Mädchen | dass maid-h-yen | girl |
| malen | marlen | to paint |
| der Maler | dair marler | painter (man) |
| die Malerin | die marlerin | painter (woman) |
| der Malkasten | dair mahlkasten | paintbox |
| der Mann | dair mann | man |
| der Mantel | dair mantel | coat |
| der Marienkäfer | dair maree-enkaifer | ladybird |
| die Marionette | dee marree-onetter | puppet |
| der Markt | dair markt | market |
| die Maske | dee masker | mask |
| das Maßband | dass mahss-bant | tape measure |
| die Matte | dee matter | mat |

| German | Pronunciation | English |
|---|---|---|
| der Maulwurf | dair maowl-voorf | mole |
| die Maus | dee mouse | mouse |
| der Mechaniker | dair mekhaniker | mechanic (man) |
| die Mechanikerin | dee mekhanikerin | mechanic (woman) |
| die Medizin | dee meditseen | medicine |
| das Meer | dass mair | sea |
| das Meerschweinchen | dass mair-shvine-h-yen | guinea pig |
| das Mehl | dass mail | flour |
| die Melone | dee melawner | melon |
| das Messer | dass messer | knife |
| der Metzger | dair mets-ger | butcher (man) |
| die Metzgerin | dee mets-gerin | butcher (woman) |
| die Milch | die milkh | milk |
| das Mittagessen | dass mittag-essen | lunch |
| Mittwoch | mit-vokh | Wednesday |
| der Mond | dair mont | moon |
| Montag | mon-tag | Monday |
| der Mop | dair mop | mop |
| der Morgen | dair morgen | morning |
| der Morgenrock | dair morgen-rok | dressing gown |
| der Motor | dair motawr | engine |
| das Motorboot | dass motawr-bawt | motor-boat |
| die Motorhaube | dee motawr-haowber | bonnet (car) |
| das Motorrad | dass motawr-rat | motorcycle |
| die Motte | dee motter | moth |
| die Möwe | dee merver | seagull |
| der Mülleimer | dair mewl-imer | dustbin |
| der Mund | dair moont | mouth |
| die Mundharmonika | dee moont-harmonika | mouth organ |
| die Murmel | dee moormel | marble |
| die Muschel | dee mooshel | seashell |
| die Mutter | dee mootter | mother |
| die Mutter | dee mootter | nut (nuts and bolts) |
| die Mütze | dee mewtser | cap |

## N

| German | Pronunciation | English |
|---|---|---|
| die Nacht | dee nakht | night |
| das Nachthemd | dass nakht-hemt | nightdress |
| der Nachtisch | dair nakht-tish | pudding, dessert |
| der Nagel | dair nah-gel | nail |
| nah | nah | near |
| nähen | nai-en | to sew |
| die Nase | dee nah-zer | nose |
| das Nashorn | dass nahss-horn | rhinoceros |
| nass | nass | wet |
| der Nebel | dair nai-bel | fog |
| nehmen | nai-men | to take |
| das Netz | dass nets | net |
| neu | noy | new |
| neun | noyn | nine |
| neunzehn | noyn-tsain | nineteen |
| niedrig | nee-drikh | low |
| das Nilpferd | dass neel-pfert | hippopotamus |

## O

| German | Pronunciation | English |
|---|---|---|
| oben | awben | upstairs |
| die oberste | dee awberster | top |
| das Obst | dass obst | fruit |
| der Obstgarten | dair obst-garten | orchard |
| das Ohr | dass oar | ear |
| das Öl | dass erl | oil |
| das Omelett | dass omlet | omelette |
| der Onkel | dair on-kel | uncle |
| orange | oran-jer | orange (colour) |

| | | |
|---|---|---|
| die Orange | *dee oran-jer* | orange (fruit) |
| das Oval | *dass o-vahl* | oval |

## P

| | | |
|---|---|---|
| das Paddel | *dass paddel* | paddle |
| der Panda | *dair panda* | panda |
| der Pantoffel | *dair pant-offel* | slipper |
| der Papagei | *dair pappa-guy* | parrot |
| das Papier | *dass pa-peer* | paper |
| der Papierkorb | *dair pa-peerkorp* | wastepaper bin |
| das Papiertuch | *dass pa-peertookh* | tissue |
| der Park | *dair park* | park |
| die Party | *dee party* | party |
| der Pelikan | *dair peli-karn* | pelican |
| die Perle | *dee pairler* | bead |
| der Pfannkuchen | *dair pfan-kookhen* | pancake |
| der Pfeffer | *dair pfeffer* | pepper |
| die Pfeife | *dee pfifer* | whistle |
| der Pfeil | *dair pfile* | arrow |
| das Pferd | *dass pfert* | horse |
| der Pfirsich | *dair pfir-zikh* | peach |
| die Pflanze | *dee pflantser* | plant |
| die Pflanzkelle | *dee pflants-keller* | trowel |
| das Pflaster | *dass pflaster* | sticking plaster |
| die Pflaume | *dee pflaowmer* | plum |
| pflücken | *pflewken* | to pick |
| der Pflug | *dair pflook* | plough |
| die Pfote | *dee pfawter* | paw |
| die Pfütze | *dee pfewtser* | puddle |
| das Picknick | *dass pik-nik* | picnic |
| der Pilot | *dair pee-lot* | pilot (man) |
| die Pilotin | *dee pee-lohttin* | pilot (woman) |
| der Pilz | *dair pilts* | mushroom |
| der Pinguin | *dair pingoo-een* | penguin |
| der Pinsel | *dair pinzel* | paintbrush |
| die Pizza | *dee peetsa* | pizza |
| der Planet | *dair plah-net* | planet |
| der Po | *dair paw* | bottom (body) |
| das Polizeiauto | *dass polleetsie-aowto* | police car |
| der Polizist | *dair pollitsist* | policeman |
| die Polizistin | *dee pollitsistin* | policewoman |
| die Pommes frites* | *dee pom frit* | chips |
| das Pony | *dass pony* | pony |
| das Popcorn | *dass pop-korn* | popcorn |
| der Presslufthammer | *dair press-looft-hammer* | drill |
| die Puffer | *dee pooffer* | buffer |
| der Pulli | *dair poollee* | jumper |
| das Pult | *dass poolt* | desk |
| die Puppe | *dee poopper* | doll |
| das Puppenhaus | *dass pooppen-house* | doll's house |
| das Puzzle | *dass poozle* | jigsaw |

## Q

| | | |
|---|---|---|
| das Quadrat | *dass kva-drat* | square |

## R

| | | |
|---|---|---|
| das Rad | *dass raht* | wheel |
| das Radfahren | *dass raht-fahren* | cycling |
| der Radiergummi | *dair radee-er-goomee* | rubber |
| das Radio | *dass rad-yo* | radio |
| die Rakete | *dee ra-kaiter* | rocket |
| der Rasenmäher | *dair rah-zen-mai-er* | lawn mower |
| der Rasensprenger | *dair rah-zen-shprenger* | sprinkler |
| der Rauch | *dair raowkh* | smoke |
| raufen | *raowfen* | to fight |

| | | |
|---|---|---|
| der Raumfahrer | *dair raowm-fahr-rer* | spaceman |
| das Raumschiff | *dass raowmshif* | spaceship |
| die Raupe | *dee raowper* | caterpillar |
| der Rechen | *dair rekhen* | rake |
| die Rechenaufgaben* | *dee rekhen-aowfgarben* | sums |
| das Rechteck | *dass rekht-ek* | rectangle |
| rechts | *rekhts* | (to/on the) right |
| der Regen | *dair regen* | rain |
| der Regenbogen | *dar regen-bawgen* | rainbow |
| der Regenschirm | *dair regen-shirm* | umbrella |
| rennen | *rennen* | to run |
| der Reifen | *dair ry-fen* | tyre, hoop |
| der Reis | *dair rice* | rice |
| das Reisen | *dass ry-zen* | travel |
| der Reißnagel | *dair rice-nargel* | tack |
| der Reißverschluss | *dair rice-fair-shlooss* | zip |
| die Reißzwecke | *dee rice-tsveker* | drawing pin |
| das Reiten | *das ry-ten* | riding |
| der Rennwagen | *dair ren-vagen* | racing car |
| das Rentier | *dass ren-teer* | reindeer |
| der Rhombus | *dair rombooss* | diamond (shape) |
| der Richter | *dair rikh-ter* | judge (man) |
| die Richterin | *dee rikh-terin* | judge (woman) |
| das Riesenrad | *dass reezen-rad* | big wheel |
| der Ring | *dair ring* | ring |
| das Ringwerfen | *dass ring-vairfen* | hoop-la |
| der Roboter | *dair ro-botter* | robot |
| der Rock | *dair rok* | skirt |
| das Rohr | *dass rawr* | pipe |
| die Rollerblades | *dee roller-blades* | roller blades |
| der Rollstuhl | *dair roll-shtool* | wheelchair |
| rosa | *ro-za* | pink |
| rot | *rawt* | red |
| der Rücken | *dair rewken* | back (of body) |
| der Rucksack | *dair rook-zak* | backpack |
| das Ruder | *dass rooder* | oar |
| das Ruderboot | *dass rooder-bawt* | rowing boat |
| das Rudern | *dass roo-dern* | rowing |
| das Rugby | *dass ragbee* | rugby |
| der Rüssel | *dair rewssel* | trunk (elephant) |
| die Rutschbahn | *dee rootsh-barn* | slide, helter-skelter |

## S

| | | |
|---|---|---|
| die Säge | *dee zaiger* | saw |
| das Sägemehl | *dass zaiger-mayl* | sawdust |
| die Sahne | *dee zarner* | cream |
| der Salamander | *dair zalamander* | lizard |
| die Salami | *dee zalamee* | salami |
| der Salat | *dair za-lart* | lettuce, salad |
| das Salz | *dass zalts* | salt |
| der Samen | *dair za-men* | seed |
| Samstag | *zamstag* | Saturday |
| die Sandale | *dee zan-darler* | sandal |
| die Sandburg | *dee zant-boorg* | sandcastle |
| der Sandkasten | *dair zant-kasten* | sandpit |
| das Sandpapier | *dass zant-pappee-er* | sandpaper |
| der Sänger | *dair zenger* | singer (man) |
| die Sängerin | *dee zengerin* | singer (woman) |
| der Sattel | *dair zattel* | saddle |
| sauber | *zaowber* | clean |
| die Schachtel | *dee shakh-tel* | box |
| das Schaf | *dass shaf* | sheep |
| der Schäferhund | *dair shaifer-hoont* | sheepdog |
| der Schäfer | *dair shaifer* | shepherd |
| die Schäferin | *dee shaiferin* | shepherdess |
| der Schaffner | *dair shaf-ner* | ticket inspector (man) |
| die Schaffnerin | *dee shaf-nerin* | ticket inspector (woman) |

| German | Pronunciation | English |
|---|---|---|
| der Schal | dair sharl | scarf |
| der Schalter | dair shal-ter | switch |
| die Schaufel | dee shaowfel | dustpan |
| die Schaukeln* | dee shaow-keln | swings |
| das Schaukelpferd | dass shaowkel-pfert | rocking horse |
| der Schauspieler | dair shaow-shpeeler | actor |
| die Schauspielerin | dee shaow-shpeelerin | actress |
| der Scheinwerfer | dair shine-vairfer | headlight |
| die Schere | dee shai-rer | scissors |
| die Scheune | dee shoy-ner | barn |
| schieben | sheeben | to push |
| die Schienen* | dee sheenen | railway track |
| die Schießbude | dee sheess-booder | rifle range |
| das Schiff | dass shif | ship |
| die Schildkröte | dee shild-krerter | tortoise |
| der Schinken | dair shinken | ham |
| der Schlafanzug | dair shlaf-antsook | pyjamas |
| schlafen | shlahfen | to sleep |
| das Schlafzimmer | dass shlahf-tsimmer | bedroom |
| der Schläger | dair shlaiger | racquet |
| der Schlamm | dair shlam | mud |
| die Schlange | dee shlanger | snake |
| der Schlauch | dair shlaowkh | hose |
| die Schleuse | dee shloyzer | lock (on canal) |
| das Schließfach | dass shleess-fakh | locker |
| der Schlitten | dair shlitten | sleigh |
| die Schlittschuhe* | dee shlitt-shoo-er | ice skates |
| das Schlittschuhlaufen | dass shlitt-shoo-laowfen | ice-skating |
| der Schlüssel | dair shlewssel | key |
| der Schmetterling | dair shmetter-ling | butterfly |
| die Schminke | dee shminker | face paints |
| schmutzig | shmootsikh | dirty |
| der Schnabel | dair shna-bel | beak |
| die Schnalle | dee shnaller | buckle |
| die Schnecke | dee shnekker | snail |
| der Schnee | dair shnai | snow |
| schneiden | shny-den | to cut |
| schnell | shnel | fast |
| die Schnur | dee shnoor | string |
| der Schnürsenkel | dair shnewr-zenkel | shoelace |
| die Schokolade | dee shokko-larder | chocolate |
| der Schornstein | dair shawrn-shtine | chimney |
| der Schrank | dair shrank | cupboard |
| die Schraube | dee shraowber | screw |
| der Schraubenschlüssel | dair shraowben-shlewssel | spanner |
| der Schraubenzieher | dair shraowben-tsee-er | screwdriver |
| der Schraubstock | dair shraowb-shtok | vice (tool) |
| schreiben | shriben | to write |
| der Schreiner | dair shriner | carpenter (man) |
| die Schreinerin | dee shrinerin | carpenter (woman) |
| der Schubkarren | dair shoop-karren | wheelbarrow |
| die Schublade | dee shoop-larder | drawer |
| der Schuh | dair shoo | shoe |
| die Schule | dee shooler | school |
| die Schulter | dee shoolter | shoulder |
| der Schuppen | dair shooppen | shed |
| die Schürze | dee shewr-tser | apron |
| die Schüssel | dee shewssel | bowl |
| der Schwamm | dair shvam | sponge |
| der Schwan | dair shvahn | swan |
| der Schwanz | dair shvants | tail |
| schwarz | shvarts | black |
| das Schwein | dass shvine | pig |
| der Schweinestall | dair shviner-shtal | pigsty |
| die Schwester | dee shvester | sister, nurse (woman) |
| schwierig | shvee-rikh | difficult |
| das Schwimmen | dass shvimmen | swimming |
| sechs | zex | six |
| sechzehn | zekh-tsain | sixteen |
| der See | dair zai | lake |
| der Seehund | dair zai-hoont | seal |
| der Seemann | dair zai-man | sailor |
| der Seestern | dair zai-shtern | starfish |
| das Segelboot | dass zaigel-bawt | sailing boat |
| das Segeln | dass zaigeln | sailing |
| die Seife | dee zifer | soap |
| das Seil | dass sile | rope |
| der Seiltänzer | dair zile-tenzer | tightrope walker (man) |
| die Seiltänzerin | dee zile-tenzerin | tightrope walker (woman) |
| der Sessellift | dair zessel-lift | chairlift |
| die Shorts* | dee shorts | shorts |
| das Sicherheitsnetz | dass sikher-hytse-nets | safety net |
| sieben | zeeben | seven |
| siebzehn | zeep-tsain | seventeen |
| das Signal | dass zignarl | signal |
| singen | zingen | to sing |
| sitzen | zitsen | to sit |
| das Skateboard | dass skateboard | skateboard |
| der Ski | dair shee | ski |
| das Skilaufen | dass shee-laowfen | skiing |
| der Skistock | dair shee-shtok | ski pole |
| der Skooter | dair skooter | dodgem |
| das Snowboarden | dass snowborden | snowboarding |
| die Socke | dee zokker | sock |
| das Sofa | dass zofa | sofa |
| der Sohn | dair zone | son |
| der Soldat | dair zoldat | soldier |
| der Sommer | dair zommer | summer |
| die Sonne | dee zonner | sun |
| der Sonnenhut | dair zonnen-hoot | sunhat |
| der Sonnenschirm | dair zonnen-shirm | beach umbrella |
| Sonntag | zonn-tak | Sunday |
| die Spaghetti* | dee shpagettee | spaghetti |
| die Späne* | dee speyner | wood shavings |
| die Sparbüchse | dee shpar-bewkser | money box |
| der Spaten | dair shpa-ten | spade |
| der Spiegel | dair shpeegel | mirror |
| das Spiegelei | dass shpeegel-eye | fried egg |
| spielen | shpee-len | to play |
| der Spielplatz | dair shpeel-plats | playground |
| die Spielsachen* | dee shpeel-zakhen | toys |
| das Spielzeug | dass shpeel-tsoyge | toys |
| der Spielzeugladen | dair shpeel-tsoyge-larden | toyshop |
| der Spinat | dair shpinnat | spinach |
| die Spinne | dee shpinner | spider |
| die Spinnwebe | dee shpinn-veber | cobweb |
| der Sport | dair shport | sport |
| sprechen | shprekhen | to speak |
| springen | shpringen | to jump |
| das Springen | dass shpringen | diving |
| das Springseil | dass shpring-zile | skipping rope |
| die Spritze | dee shpritzer | syringe |
| die Spüle | dee shpewler | sink |
| der Stab | dair shtarb | pole |
| die Stäbchen* | dee shteb-h-yen | chopsticks |
| die Staffelei | dee shtaffel-eye | easel |
| der Stall | dair shtal | stable |
| der Stangensellerie | dair shtangen-zelleree | celery |
| die Straßenlaterne | dee strassen-latairner | street lamp |
| der Staubsauger | dair shtaowb-zaowger | vacuum cleaner |
| das Staubtuch | dass shtaowb-tookh | duster |
| der Stein | dair shtine | stone |
| der Stern | dair shtairn | star |
| der Steward | dair shteward | air steward |
| die Stewardess | dee shtewardess | air hostess |
| der Stiefel | dair shteefel | boot (for wearing) |

| German | Pronunciation | English |
|---|---|---|
| der Stier | *dair shtee-er* | bull |
| der Stock | *dair shtok* | stick |
| der Strand | *dair shtrand* | beach |
| die Straße | *dee shtrasser* | road |
| die Straßenwalze | *dee shtrassen-valtser* | steam roller |
| der Strauß | *dair shtraowss* | ostrich |
| das Streichholz | *dass shtrikhe-holts* | match |
| stricken | *shtrikken* | to knit |
| die Strickjacke | *dee shtrik-yakker* | cardigan |
| die Strickleiter | *dee shtrik-lyter* | rope ladder |
| der Strohballen | *dair shtraw-ballen* | straw bale |
| der Strohhalm | *dair shtraw-halm* | straw (for drinking) |
| die Strumpfhose | *dee shtroompf-hawzer* | tights |
| die Stufe | *dee shtoofer* | step |
| der Stuhl | *dair shtool* | chair |
| das Sumo | *dass zoomo* | sumo wrestling |
| die Suppe | *dee zoopper* | soup |
| das Sweatshirt | *dass sweatshirt* | sweatshirt |
| der Swimmingpool | *dair swimming pool* | swimming pool |

## T

| German | Pronunciation | English |
|---|---|---|
| das Tablett | *dass ta-blet* | tray |
| die Tablette | *dee ta-bletter* | pill |
| die Tafel | *dee tahfel* | board (for writing on) |
| der Tag | *dair targ* | day |
| der Tanker | *dair tanker* | petrol tanker (ship) |
| die Tankstelle | *dee tankk-shteller* | garage (petrol station) |
| der Tankwagen | *dair tank-vargen* | petrol tanker (lorry) |
| die Tante | *dee tan-ter* | aunt |
| der Tanz | *dair tants* | dance |
| tanzen | *tantsen* | to dance |
| der Tänzer | *dair tentser* | dancer (man) |
| die Tänzerin | *dee tentserin* | dancer (woman) |
| die Tasche | *dee ta-scher* | pocket |
| der Taschenkrebs | *dair ta-shen-kreps* | crab |
| das Taschenmesser | *dass ta-shen-messer* | penknife |
| das Taschentuch | *dass ta-shentookh* | handkerchief |
| die Tasse | *dee tasser* | cup |
| das Tätigkeitswort | *dass taitikh-kites-vort* | action word |
| der Tau | *dair taow* | dew |
| die Taube | *dee taowber* | pigeon |
| der Taucher | *dair taowkher* | frogman |
| das Taxi | *dass taksee* | taxi |
| der Teddybär | *dair teddy bear* | teddy bear |
| der Tee | *dair tai* | tea |
| der Teelöffel | *dair tai-llerfel* | teaspoon |
| der Teich | *dair tikhe* | pond |
| das Telefon | *dass tellefawn* | telephone |
| das Teleskop | *dass telleskop* | telescope |
| der Teller | *dair teller* | plate |
| das Tennis | *dass tennis* | tennis |
| der Teppich | *dair teppikh* | carpet |
| das Thermometer | *dass tairmo-maiter* | thermometer |
| der Tierarzt | *dair tee-er-artst* | vet (man) |
| die Tierärztin | *dee tee-er-ertstin* | vet (woman) |
| der Tiger | *dair teeger* | tiger |
| die Tischdecke | *dee tish-dekker* | tablecloth |
| der Tisch | *dair tish* | table |
| das Tischtennis | *dass tish-tennis* | table tennis |
| der Toast | *dair toast* | toast |
| die Tochter | *dee tokh-ter* | daughter |
| die Toilette | *dee twa-letter* | toilet |
| das Toilettenpapier | *dass twa-letten-pa-peer* | toilet paper |

| German | Pronunciation | English |
|---|---|---|
| die Tomate | *dee to-matter* | tomato |
| der Topf | *dair topf* | saucepan |
| das Tor | *dass tore* | gate |
| tot | *tawt* | dead |
| tragen | *trargen* | to carry |
| die Tragetasche | *dee trag-tasher* | carrier bag |
| der Traktor | *dair trak-tore* | tractor |
| das Trapez | *dass tra-paits* | trapeze |
| die Trauben* | *dee traowben* | grapes |
| die Treppe | *dee trepper* | stairs |
| trinken | *trinken* | to drink |
| trocken | *trokken* | dry |
| die Trommeln* | *dee trommeln* | drums |
| die Trompete | *dee trompaiter* | trumpet |
| der Truthahn | *dair troot-harn* | turkey |
| das T-shirt | *dass tee-shirt* | T-shirt |
| der Tunnel | *dair toonnel* | tunnel |
| die Tür | *dee tewer* | door |
| die Türklinke | *dee tewer-klinker* | door handle |
| das Turnen | *dass toornen* | gymnastics |
| die Turnschuhe* | *dee toorn-shoo-er* | trainers (shoes) |

## U

| German | Pronunciation | English |
|---|---|---|
| das U-boot | *dass oo-bawt* | submarine |
| über | *ew-ber* | over |
| die Uhr | *dee oo-er* | clock, watch |
| der Umkleideraum | *dair oom-klideraown* | changing room |
| unten | *oonten* | at the bottom, downstairs |
| unter | *oonter* | under |
| das Unterhemd | *dass oonter-hemt* | vest |
| die Unterhose | *dee oonter-hawzer* | pants |
| die unterste | *dee oonter-ster* | bottom (not top) |
| die Untertasse | *dee oonter-tasser* | saucer |
| der Urlaub | *dair oor-laowp* | holiday |

## V

| German | Pronunciation | English |
|---|---|---|
| der Vater | *dair farter* | father |
| der Verband | *dair fair-bant* | bandage |
| verstecken | *fair-shtekken* | to hide |
| das Video | *dass video* | video |
| viele | *feeler* | many |
| vier | *feer* | four |
| vierzehn | *feer-tsain* | fourteen |
| der Vogel | *dair fawgel* | bird |
| das Vogelnest | *dass fawgel-nest* | bird's nest |
| die Vogelscheuche | *dee fawgel-shoykher* | scarecrow |
| voll | *foll* | full |
| der Vorhang | *dair fore-hang* | curtain |
| der Vorleger | *dair fore-laiger* | rug |
| vorn | *forn* | in front |

## W

| German | Pronunciation | English |
|---|---|---|
| die Waage | *dee varger* | scales |
| der Wagen | *dair vargen* | carriage, car |
| der Wal | *dair varl* | whale |
| der Wald | *dair valt* | forest |
| die Wand | *dee vant* | wall |
| warten | *var-ten* | to wait |
| das Wartezimmer | *dass var-ter-tsimmer* | waiting room |
| waschen | *va-shen* | to wash |
| die Waschanlage | *dee vash-anla-ger* | car wash |
| das Waschbecken | *dass vash-bekken* | washbasin |
| die Waschmaschine | *dee vash-ma-sheener* | washing machine |

| | | |
|---|---|---|
| das Waschpulver | *dass vash-poolver* | washing powder |
| das Wasser | *dass vasser* | water |
| der Wasserfall | *dair vasser-fal* | waterfall |
| der Wasserhahn | *dair vasser-hahn* | tap |
| das Wasserskilaufen | *dass vasser-shee-laowfen* | water-skiing |
| die Watte | *dee vatter* | cotton wool |
| der Weg | *dair vaik* | path |
| der Wegweiser | *dair vaik-vizer* | signpost |
| weich | *vikhe* | soft |
| das weichgekochte Ei | *dass vykh-gekokhter eye* | boiled egg |
| Weihnachten | *vy-nakhten* | Christmas |
| der Weihnachtsbaum | *dair vy-nakhts-baowm* | Christmas tree |
| der Weihnachtsmann | *dair vy-nakhts-mann* | Father Christmas |
| weinen | *vy-nen* | to cry |
| weiß | *vice* | white |
| weit | *vite* | far |
| die Welle | *dee veller* | wave |
| der Wellensittich | *dair vellen-zittikh* | budgerigar |
| der Weltraum | *dair velt-raowm* | space |
| wenige | *vai-neeger* | few |
| werfen | *vair-fen* | to throw |
| die Werkbank | *dee vairk-bank* | workbench |
| die Werkstatt | *dee vairk-shtat* | workshop |
| der Werkzeugkasten | *dair vairk-tsoyge-ka-sten* | tool box |
| die Wespe | *dee vesper* | wasp |
| das Wetter | *dass vetter* | weather |
| das Wettrennen | *dass vett-rennen* | race |
| der Wind | *dair vint* | wind |
| die Windel | *dee vin-del* | nappy |
| die Windmühle | *dee vint-mewler* | windmill |
| das Windsurfen | *dass vint-zoorfen* | windsurfing |
| der Winter | *dair vinter* | winter |
| die Wippe | *dee vipper* | seesaw |
| die Wohnung | *dee vornoong* | flat (to live in) |
| der Wohnwagen | *dair vorn-va-gen* | caravan |
| das Wohnzimmer | *dass vorn-tsimmer* | living room |
| der Wolf | *dair vollf* | wolf |
| die Wolke | *dee volker* | cloud |
| der Würfel | *dair vewrfel* | cube |
| die Würfel* | *dee vewrfel* | dice |
| der Wurm | *dair voorm* | worm |
| die Wurst | *dee voorst* | sausage |

## Z

| | | |
|---|---|---|
| die Zahl | *dee tsarl* | number |
| der Zahnarzt | *dair tsarn-artst* | dentist (man) |
| die Zahnärztin | *dee tsarn-ertstin* | dentist (woman) |
| die Zahnbürste | *dee tsarn-bewrster* | toothbrush |
| der Zahn | *dair tsarn* | tooth |
| die Zahnpasta | *dee tsarn-pasta* | toothpaste |
| die Zapfsäule | *dee tsapf-soyler* | petrol pump |
| der Zaun | *dair tsaown* | fence, railing |
| das Zebra | *dass tsai-bra* | zebra |
| der Zebrastreifen | *dass tsai-bra-shtry-fen* | zebra crossing |
| die Zehe | *dee tsai-er* | toe |
| zehn | *tsain* | ten |
| die Zeichnung | *dee tsikhe-noong* | drawing |
| die Zeitung | *dee tsy-toong* | newspaper |
| das Zelt | *dass tselt* | tent |
| zerbrechen | *tsair-brekhen* | to break |
| die Ziege | *dee tseeger* | goat |
| der Ziegelstein | *dair tseegel-shtine* | brick |
| ziehen | *tsee-en* | to pull |
| die Zielscheibe | *dee tseel-shy-ber* | target |
| der Zirkus | *dair tsir-kooss* | circus |
| der Zirkusdirektor | *dair tsir-kooss-deerektawr* | ring master |

| | | |
|---|---|---|
| die Zitrone | *dee tsee-trawner* | lemon |
| der Zoo | *dair tsoh* | zoo |
| zu | *tsoo* | shut |
| der Zucker | *dair tsookker* | sugar |
| die Zuckerwatte | *dee tsookker-vatter* | candy floss |
| der Zug | *dair tsook* | train |
| der Zugführer | *dair tsook-fewrer* | train driver (man) |
| die Zugführerin | *dee tsook-fewrerin* | train driver (woman) |
| zu Hause | *tsoo haowzer* | at home |
| zuhören | *tsoo-her-en* | to listen |
| die Zunge | *dee tsoonger* | tongue |
| zwanzig | *tsvan-tsikh* | twenty |
| zwei | *tsvy* | two |
| der Zweig | *dair tsvige* | twig |
| die Zwiebel | *dee tsvee-bel* | onion |
| zwölf | *tsverlf* | twelve |
| der Zylinder | *dair tsew-linder* | top hat |

This revised edition first published in 1995 by Usborne Publishing Ltd, Usborne House, 83-85 Saffron Hill, London EC1N 8RT, England. www.usborne.com
Based on a previous title first published in 1979.
Copyright © 2002, 1995, 1979 Usborne Publishing Ltd.